LUCI D'INVERNO

Un capolavoro di Ingmar Bergman

Saggio

Salvatore M. Ruggiero

Luci d'inverno
(1962-'63)

(Titolo originale:
Nattsvardgasterna

Titolo in inglese:
Winter Light)

a chi cerca l'amore, la fede e Dio,
...e li trova.

Una frase:

"Ogni volta che confrontavo dio con la realtà che vedevo intorno, lo vedevo brutto, abominevole, un dio-ragno[1]... un mostro. Per questa ragione lo proteggevo dalla vita e dalla luce. Lo comprimevo vicino a me nel buio e nella solitudine. L'unica persona a cui fu permesso di vedere il mio dio è stata mia moglie. Lei mi appoggiava, mi incoraggiava, mi aiutava, tamponava le falle. I nostri sogni. [2]"

---

1 L'immagine del Dio-ragno è presente anche nel film precedente: *Come in uno specchio.*
2 Dalla sceneggiatura del film: il pastore Tomas.

PROLOGO

"Dà soddisfazione rivedere Luci d'Inverno *dopo un quarto di secolo. Constato che nulla si è corrotto o si è rotto.[3] "*

L'idea di base di *Luci d'inverno* venne a Ingmar Bergman dopo aver visto il film di Robert Bresson *Il diario di un curato di campagna[4]*. In quel film si narra la storia di un giovane parroco che impronta la sua azione di fede e di proselitismo al dettame strettamente evangelico. Questa ragione lo pone in una situazione di conflitto con i suoi parrocchiani. Intanto frequenta un castello il cui padrone, un conte, inganna la moglie con una sua cameriera più giovane, con grande pena del figlio. Il prete si attira l'ostilità di entrambi e di buona parte dei fedeli.

---

3   Ingmar Bergman, *Immagini.*
4   *Journal d'un curé de campagne* è un film del 1951, tratto dall'omonimo romanzo di Georges Bernanos.

Malato di cancro, va a morire in casa di un prete spretato.

Ma l'idea primigenia di *Luci d'inverno*, il Maestro la ebbe diversi anni prima, quando immaginò che un uomo entrasse d'inverno, in una chiesa isolata e deserta, si sedesse nei pressi dell'altare e rivolto al Cristo dicesse: *"Resterò qua fino a quando non mi parlerai"*.

Il film fu interamente realizzato a Falun, cittadina della Svezia centrale, dove fu organizzata anche la prima mondiale, dopo la quale si devolse il ricavato in favore dei lavori di restauro della stessa chiesa.

Ingmar Bergman si trasferì a Toro, per scrivere la sceneggiatura del film all'inizio di luglio del 1961 e finì il 28 luglio. *"Avevo fatto alla svelta se si considera che la storia è ingegnosa non per la sua complicazione ma per la sua semplicità.[5]"*

E qualche capoverso dopo aggiunge: *"Tuttavia sotto la sua semplicità c'è una complessità non del tutto facile da cogliere.[6]"*

Sempre Ingmar Bergman affermò: *"Mi sono sempre sforzato di essere attraente per il mio pubblico. Tuttavia non ero così stupido da non capire che* Luci d'inverno *non avrebbe avuto alcun successo di pubblico.[7]"*

Ingmar Bergman dimostrò, almeno in questo caso, di essere un cattivo profeta, perché il film ebbe un grande successo di pubblico e di critica. Sebbene non ottenne la messe di premi internazionali ai quali i film precedenti avevano abituato il regista da qualche anno. Si segnala, però, un Labaro de Oro al Seminci di Valladolid del '66.

---

5   Ingmar Bergman, *Immagini.*
6   Ibidem.
7   Ibidem.

SINOSSI E SCENEGGIATURA

Luci d'inverno dispone di soli quattro personaggi centrali: il prete Tomas Ericsson, la maestra Marta Lundberg, il pescatore Jonas Persson, sua moglie Karin Persson.

Per fortuna, il pastore Tomas officia il suo rito davanti a una platea un po' più folta. *"L'assemblea si siede rumoreggiando sulle panche di legno: il possidente Johan Akerblom, di trentatré anni; l'insegnante della scuola elementare di Mittsunda; Marta Lundberg, di trentatré anni; la vedova Magdalena Lidfors, di sessantanove anni (è venuta dal villaggio di Hol, camminando per quattro lunghi chilometri); il pescatore e falegname Jonas Persson di Öcklarö insieme alla moglie Karin, entrambi di trentacinque anni; il sagrestano Knut Aronsson, di sessantanove anni; l'ex impiegato delle ferrovie Algot Frovik, di trentanove anni, la fornaia Hanna Apelblad di trentasette anni, insieme alla figlia Doris di cinque.*[8]"

Il pescatore Jonas ha appreso dai giornali che i cinesi hanno una bomba atomica[9] ed è convinto che si sia accumulata una quantità spregevole di odio tra loro e il resto del mondo. L'uomo non può liberarsi di questo pensiero assillante. Si è come pietrificato nel guscio chiuso della sua paura. Sua moglie lo convince a vedere e parlare col prete, dopo la celebrazione della messa, e a chiedergli aiuto e consiglio.

TOMAS: *Desidera parlarmi?*

SIGNORA PERSSON: *Sì. In verità, no. È Jonas più che altro che deve parlarle, anche se non dice niente.*

---

8 Dalla sceneggiatura originale del film.
9 In questa previsione, che all'epoca era di fantapolitica, Ingmar Bergman dimostrò un ottimo spirito profetico.

*Così ho pensato di... Questa mattina
ho creduto bene di venire insieme a lui
in chiesa per parlare con qualcuno.*
JONAS: *Siamo turbati.*
SIGNORA PERSSON: *Turbati.* (Fa
cenno con la testa) *Cioè Jonas. Non
tanto io, ma Jonas è turbato.*
Lei si gira verso il marito, lui le
risparmia la sua paura e guarda verso il
tavolo.
SIGNORA PERSSON: *Reverendo,
non può parlare lei con Jonas?*
TOMAS: *Sì, naturalmente.*
Tomas guarda il viso dell'uomo.
TOMAS: (pacatamente) *Dura da
tempo questa storia?*
*Jonas Persson si strofina la guancia
con le dita.*
SIGNORA PERSSON: *È iniziato in
primavera. Jonas aveva letto su un
giornale dei cinesi.*
Lei guarda incerta il marito, che siede
sempre assorto e non fa caso né alla

moglie né al pastore. Tomas accenna col capo un gesto di comprensione ed incoraggiamento.

SIGNORA PERSSON: *Sul giornale c'era scritto che i cinesi vengono educati all'odio.*

Tomas fa ancora un cenno di incoraggiamento con il capo.

SIGNORA PERSSON: *Non hanno niente da mangiare o molto poco. Diventano soldati e si esercitano alla guerra.*

Jonas Persson termina di strofinarsi la guancia con l'indice e mette le mani sul tavolo.

SIGNORA PERSSON: *C'era scritto in quell'articolo che... prima o poi, i cinesi avranno la bomba atomica. Non hanno niente da perdere. Così c'era scritto.* (Pausa). *Io non mi impressiono eccessivamente, dipende certo dal fatto che non ho tanta fantasia. Ma Jonas ci pensa sempre e non facciamo*

11

che parlarne e riparlarne. Sebbene io non possa farci molto. Abbiamo tre bambini ed un altro arriverà presto.

Ora tace e attende una risposta di conforto e di aiuto dal pastore. Gli affida la vita del marito ed attende la parola che possa sbrogliare e risolvere questa minaccia cinese.

TOMAS: *Tutti abbiamo lo stesso timore... più o meno.*

Tomas guarda sconfortato la fronte corrugata e le sopracciglia aggrottate di Jonas Persson.

TOMAS: *Dobbiamo aver fiducia in Dio.*

Jonas Persson alza lentamente il capo e guarda Tomas, che viene colpito dall'angoscia come da un fulmine. Il pastore solleva la tazza e sorseggia rumorosamente il resto del caffè che si è intanto raffreddato. Il pescatore non tenta di volgere lo sguardo altrove, non ha riguardo, non ha più pietà. La moglie solleva le braccia, si toglie il cappello e si liscia la spessa capigliatura con il palmo delle mani.

TOMAS: *Viviamo la nostra semplice esistenza di ogni giorno ed improvvisamente ci colpiscono notizie terribili che fanno vacillare la nostra sicurezza. È insopportabile. Ci sfugge il rapporto che le cose hanno fra loro e Dio diventa tanto lontano.*

Jonas Persson scuote la testa sorridendo, sembra che provi compassione.

SIGNORA PERSSON: (incerta) *Già!*

TOMAS: *Mi sento così impotente, non so che dire per aiutarvi. Capisco la vostra angoscia, mio Dio come la capisco! Ma noi dobbiamo continuare a vivere.*

JONAS: *Perché dobbiamo continuare a vivere?*

TOMAS: *Perché vivere è nostro dovere e perché abbiamo delle responsabilità.*

JONAS: *Reverendo, lei è ammalato, ed è inutile che stia qui a discutere di queste cose, tanto non arriviamo a capo di niente.*

TOMAS: (angosciato) *Ma sì, parliamone. Diciamoci tutto quello che ci passa per la mente.*

Il pescatore guarda meravigliato il pastore ma scuote lentamente il capo; gli ritorna quel sorriso che sembra di compassione.

JONAS: *È impossibile.*

TOMAS: *Impossibile?*

JONAS: *Karin ed io dobbiamo andare a casa dai bambini. Sono soli e non si sa mai quello che possono combinare.*

SIGNORA PERSSON: *Conducimi a casa e ritorna poi dal reverendo. È molto meglio che parliate da soli.*

TOMAS: *Quando può essere di ritorno?*

SIGNORA PERSSON: *Bastano dieci*

minuti per arrivare a casa.

TOMAS: *Allora sarà qui tra venti minuti. Promesso!*

Jonas si alza in silenzio. La moglie afferra la sua mano come per costringerlo ad una promessa.

SIGNORA PERSSON: *Prometti al reverendo di ritornare.*

JONAS: (imbarazzato) *Lo prometto.*

Si congedano in modo goffo e frettoloso. Tomas socchiude la porta e la tiene aperta.

TOMAS: *Avete la macchina nel parcheggio?*

SIGNORA PERSSON: *È proprio là all'angolo.*

TOMAS: *Allora l'aspetto, signor Persson, fra una mezz'ora al più tardi.*

SIGNORA PERSSON: *Ci penserò io a farlo ritornare.*

TOMAS: *Il portone è aperto. Potete passare attraverso la chiesa. Io aspetto. Aspetto qua dentro.*

Jonas Persson fa un cenno con il capo e si piega sotto la raffica di vento che entra attraverso la porta aperta, la moglie lo segue. Tomas chiude a chiave la porta. Dopo alcuni istanti li scorge nella macchina. Fanno marcia indietro e infilano la curva con prudenza, poi procedono verso la strada nazionale. La tempesta si fa più intensa, l'orologio segna le dodici e trenta. Tomas entra nella chiesa, si arresta distratto davanti all'altare: Cristo sulla croce, fra le ginocchia di Dio. Dio stesso con i capelli neri, barba castana e le sopracciglia arcuate dallo stupore. La colomba sopra il suo capo si libra in volo.

Il sacerdote Tomas è anch'egli un uomo molto turbato ed infelice. Piange la moglie morta ed è incapace di provare tenerezza per la sua amica maestra, che lo adora, lo vorrebbe, e lo segue come un'ombra. Una causa sta anche nell'eczema nevrotico della donna che gli ispira un vero senso di repulsione fisica. Ma quella determinante la riferisce lui stesso alla donna a muso duro: *"Il motivo, quello decisivo, è che io non ti voglio."*

Il pastore, poi, è inadeguato a dare consolazione al pescatore, anzi cade anch'egli in una profonda crisi, un grande isolamento dagli altri, dal mondo, da se stesso: nel più completo e perfetto silenzio di Dio. Nella più completa assenza di Dio. La gente intorno a lui, soprattutto la maestra, lo spinge ancora di più in profondità nella crisi. Il pescatore si suicida. E' quindi dovere del sacerdote dirlo alla moglie, prima di andare via per fornire il servizio di rito nella chiesa della parrocchia adiacente. La porta della camera degli stemmi araldici si apre e la vecchia donna di Hol è là, confusa e tremante.[10]

DONNA: *Ho visto che la sua macchina era ancora qui e così sono venuta. I ragazzi di Fredriksson l'hanno trovato.*
TOMAS: (con forza) *Sì.*
DONNA: *Proprio quaggiù.*
Indica con il dito inguantato, guardando Tomas con angoscia.
TOMAS: *Lo hanno trovato? È morto?*
DONNA: *Jonas Persson.* (Fa un cenno con la testa) *Si è sparato un colpo di fucile alla testa. Il commissario di polizia è già sul posto per il sopralluogo. I ragazzi lo hanno subito chiamato. Li ho incontrati mentre venivo qui. Erano terrorizzati.*
Tomas senza rispondere entra nella sacrestia; avvolge la sciarpa attorno al collo, si toglie le scarpe e calza degli stivali di feltro. Poi chiude la cartella e si infila i guanti di pelle. Marta è sulla

_____
10 Dalla sceneggiatura originale del film.

porta della sacrestia. Tomas passa davanti a lei e alla vecchia donna, poi attraversa il portone e raggiunge la sua automobile. Il sole proietta una lunga ombra sulla neve.

TOMAS: *Vuoi venire con me a Frostnäs?* (Pausa). *Cercherò di essere gentile.*

La maestra Marta lo accompagna a celebrare il rito e, con sua grande sorpresa, trova la chiesa vuota. Nonostante questo il prete vuole ugualmente celebrare il rito religioso. Quando il crepuscolo invernale cade, va verso l'altare di fronte a una *congregazione* composta da una sola persona: la sua amica e spasimante maestra, che peraltro lo accompagnava. Può darsi che quest'ultimo solitario servizio religioso gli restituirà la sua fede perduta e abbastanza fiducia e forza per mostrare tenerezza nei confronti dei suoi simili, ma soprattutto nei confronti di se stesso e della sua anima.

Morta la moglie *"...morta insieme alla dolce menzogna e Dio Padre impallidisce.*[11]*"*

Thomas Ericsson, il pastore protestante (interpretato da un ottimo Gunnar Bjornstrand) di uno sperduto e glaciale villaggio della Dalecalia, all'estremo Nord della Svezia, *"si dissangua sentimentalmente"*. Ha completamente perso la fede in Dio. Respinge l'offerta d'amore di una donna atea, la maestra Marta Lundberg (interpretata da una più che credibile Ingrid Thulin): *"Sono stanco delle tue attenzioni, delle tue puerilità, dei tuoi buoni consigli, dei tuoi piccoli candelabri e delle tue tovaglie. Mi sono stufato della tua miopia e delle tue mani maldestre. La tua ansia e le tue smaniose prove di*

---

11 Ingmar Bergman, *Immagini*.

tenerezza, poi! Mi costringi ad occuparmi del tuo stato fisico: il tuo stomaco ammalato, i tuoi eczemi, i tuoi giorni, le tue guance arrossate dal gelo. Devo finalmente uscire da questo labirinto di situazioni idiote. Sono stanco di tutto, di tutto ciò che ha a che fare con te." ; e non sa nemmeno consolare un parrocchiano nevrotico che si ucciderà (Max von Sidow in un ruolo di non-protagonista[12]). *"Tutte le volte che ho messo Dio a confronto con la realtà, l'ho visto diventare feroce, distante e crudele: un mostro, quasi."* Né, tanto meno, sa consolare la sua vedova che spetta a lui di avvertire della grave perdita.

TOMAS: *Suo marito è morto, signora Persson. Lo hanno portato al pronto soccorso, ma non c'è niente da fare. Si è sparato.*

---

12 Uno dei più grandi attori bergmaniani aveva già avuto un ruolo minore ne *Il posto delle fragole.*

La mano lascia la maniglia ed ella si siede sulla scala, si tira la gonna sulle ginocchia e sulle gambe gonfie. Le mani stringono con forza l'orlo della gonna.

SIGNORA PERSSON: *Allora, sono sola, ora?*
Tomas si siede su di una sedia senza spalliera, congiunge le mani sulle ginocchia per vecchia abitudine. Restano in silenzio.
TOMAS: *Leggiamo qualcosa insieme?*
SIGNORA PERSSON: *No, no, grazie.*
Tomas fa cenno con la testa.
SIGNORA PERSSON: *Devo dirlo ai bambini.*
Si appoggia alla ringhiera e si alza. Tende la mano a Tomas.
TOMAS: *Se lei, signora Persson, desidera qualcosa, io sono a casa tutta la sera. Intendo dire se...*
SIGNORA PERSSON: *Sì, grazie. Ci sentiamo durante la settimana.*

Naturalmente dobbiamo metterci d'accordo per il funerale.

Tomas lascia la mano di lei e rimane là, confuso ed incerto.

TOMAS: *Gli ho parlato, ma ero così impotente.*

Lei guarda fissamente il prete come se i suoi pensieri fossero già lontani, poi fa un cenno come se si ricordasse della sua presenza.

SIGNORA PERSSON: *Lei ha fatto tutto quello che poteva fare.*

Tomas tende di nuovo la mano, ma lei non la vede. La donna va in cucina e chiude la porta. Quando Tomas esce dal terrazzino dell'ingresso guarda in cucina. La signora Persson è china sul tavolo e parla con i bambini, si rivolge per lo più al maschio. I più grandi ascoltano attenti, mentre il più piccolo ha afferrato un cucchiaio, se l'è ficcato profondamente in bocca e lo morde con fervore. Tomas scende le scale umide. Il cane di Jonas appare nella penombra. È un vecchio cane lappone. Prima ringhia minaccioso, poi si avvicina a Tomas e lo annusa sospettoso, infine scompare dietro l'angolo della casa. Ora la strada fiancheggia il mare. Il chiarore si fa più vivido e dalla parte meridionale dell'orizzonte si stende in obliquo una striscia di nube dorata, con delle sfumature azzurrine ai lati. Un faro lampeggia da qualche parte al di là delle isole e le pietre della riva sono già coperte di ghiaccio; l'acqua è di uno stinto colore nerastro che diviene bianco per la risacca.

Il film termina con le parole di Marta *"Se riuscissimo ad essere sicuri... se riuscissimo a credere in una verità... se riuscissimo a credere..."* e con l'immagine del pastore Thomas che, iniziando la funzione, recita: *"SANTO, SANTO, SANTO..."*

RECENSIONE

Un altro rigoroso, impietoso, chirurgico, entomologico dramma da camera *(Kammerspielfilm[13])* del Maestro. Costretto in una scenografia scheletrica, essenziale, che spazia (si fa per dire) tra una chiesa fredda e desolata e le poche case di un villaggio dimenticato da Dio e dagli uomini. Quasi totalmente privo di quei momenti che il Maestro definisce *"...in fortissimo"*, tranne uno: la scena del passaggio a livello: ...*"quando Thomas e Marta sono bloccati al passaggio a livello e lui le rivela che è stato suo padre a volere che lui si facesse prete. Allora giunge il treno-merci con quei vagoni simili ad enormi bare. E' l'unico momento di forte impatto visivo e violento effetto acustico. Per il resto il film è*

---

13 Cinema da camera.

realizzato con grande semplicità.[14]"

Complessità, naturalmente, derivata dai temi trattati: tutti quelli più cari al regista svedese: la ricerca dell'unità trascendente; la perdita della fede religiosa e della speranza; le difficoltà nei rapporti interpersonali; le problematiche legate ai rapporti sentimentali e di coppia; l'assenza o il silenzio di Dio; la ricerca difficoltosa di un delicato equilibrio psicologico; et alia.

Dopo un buonissimo *Come in uno specchio*[15], Ingmar Bergman gira il secondo capitolo della cd. *Trilogia Religiosa*[16] (dedicata al tema

14 Ingmar Bergman, *Immagini*.
15 *Sasom i en spegel*, 1960.
16 *Come in uno specchio*: certezza conquistata; *Luci d'inverno*: certezza rivelata; *Il silenzio*: il silenzio di Dio... l'impronta negativa. Salvo poi smentirsi: *"Scrissi queste cose nel '63. Oggi penso che l'idea della trilogia... era una Schnaps-idee, come dicono i bavaresi."*

ontologico-religioso del silenzio o dell'assenza di Dio) suscitando buone impressioni nella critica, che lo ritenne, quasi unanimemente, il migliore dei tre.

La certezza della esistenza di Dio, evidenziata, per analogia, dalla presenza dell'amore, che, da Ingmar Bergman, sembrava essere stata acquisita definitivamente, nel finale di *Come in uno specchio* (che - ricordo - si chiude con la famosa e piena di speranza, seppur didascalica, frase di Anders, il figlio problematico: *"Papà ha parlato con me"*), ora è (ri)messa in dubbio dal protagonista del film (il Pastore Thomas, interpretato dallo stratosferico Gunnar Bjornstrand) che, dopo la perdita della moglie, ha perso completamente la fede, è attanagliato dai dubbi, non riesce più a trovare un significato alla propria esistenza. Fondamentalmente si può dire che il pastore Tomas abbia tre "soli" problemi, peraltro grandi, e uno la conseguenza degli altri:

- la morte della moglie. Che ha creato in lui un vuoto incolmabile. Un vuoto che non può pensare di colmare l'insegnante Marta malata di eczema, che è sempre stata innamorata di lui, anche quando la moglie era ancora in vita. Lei quel vuoto, anzi, rischia di allargarlo, essendo numerose le differenze *in peius* che Tomas mostra di aver notato tra lei e la moglie defunta.

- La morte di Dio. Procurata dalla malattia mortale, prima e dalla morte fisica, poi, dell'amatissima ed insostituibile moglie.

- L'inadeguatezza al ruolo. Non tanto al ruolo di pastore (perché, dopotutto, egli è capace di capire che ... *Dio è amore, amore è Dio*) ma al ruolo di compagno di vita (è evidente che egli ha esaurito il suo amore, ha esaurito l'amore, l'unico amore capace di provare era quello nei confronti della moglie).

Bello e intenso tutto, ma la parte migliore del film, quella più riuscita, più densa di significato, è sicuramente il finale.

Il Maestro lascia in sospeso lo spettatore nell'ambigua e difficile scelta: il pastore (ri)troverà Dio, accettando il suo silenzio come naturale, ed insieme eloquente, testimonianza della sua esistenza o continuerà a macerarsi nel suo dolore e nella sua perdita di fede, conducendo una esistenza ormai priva di ogni senso e di ogni significato?

Né, pare, si possa far ricorso, in questo caso, all'aiuto della filosofia, specie quella di Schopenhauer quando afferma che: *"...il mondo può essere considerato per quello che esso è in se stesso, non più come rappresentazione bensì come volontà. La scoperta della realtà in se, al di là delle apparenze fenomeniche, è resa possibile dall'autocoscienza mediante la quale l'uomo ha esperienza di sé dal di dentro e si rende conto che la propria essenza sta nella volontà di vivere.[17] "*

Il pastore Thomas: *"Se veramente Dio non esistesse, nulla avrebbe più importanza. La vita avrebbe una spiegazione, sarebbe un sollievo; la morte solo una frattura, la fine del corpo e dell'anima; la crudeltà della gente, la sua solitudine, i suoi timori, tutto sarebbe chiaro come la luce del*

17 Arthur Schopenhauer, *Il mondo come volontà e rappresentazione.*

giorno: le sofferenze non dovrebbero più essere spiegate".

Grandissimo film. Capolavoro assoluto. Nel quale, semplicemente e quasi miracolosamente, (ma gli artefici del miracolo sono solo loro due: Ingmar Bergman e Sven Nyquist, il direttore della fotografia), non ci sono immagini prese alla luce del sole. Ingmar Bergman e Sven Nyqvist passarono quasi ventiquattr'ore filate nella chiesa vuota per studiare la luce e i suoi movimenti durante tutto il corso della giornata, col fine di individuare perfettamente le condizioni di ripresa migliori. Così come il sole non riesce a a rompere il fitto strato di nuvole plumbee presenti nel livido cielo svedese, la presenza di Dio e la sua parola non riescono a scalfire né a penetrare l'animo del pastore Tomas, induritosi dopo la drammatica morte della moglie e la conseguente, completa perdita della fede.

Ingmar Bergman, come si è detto ripetutamente in altre sedi, pone delle domande, a se stesso e allo spettatore, ma, anche in questo caso, non da risposte, né le suggerisce.

Molto spesso, e questo è uno di quei casi, lascia che sia lo spettatore a concludere il film con la propria opinione, convinzione, persuasione personale. Quindi non si sa se, effettivamente, il pastore ritroverà la fede in Dio. Sembra, però, che alla fine del manoscritto del film abbia vergato di suo pugno le parole *"Soli Deo Gloria"*[18], parte del più completo: *"soli Deo honor et gloria in saecula saeculorum",* che fanno chiaramente intendere che Tomas avrebbe ritrovato la fede. Tesi del resto avallata da Vilgot Sjoman, autorevole e attendibile

---

18 Traduzione letterale: *Gloria a Dio solo.*

portavoce del cineasta. Ma tale prima sensazione viene smentita subito dopo da una intervista dello stesso regista, il quale sostenne al giornalista della rivista *Chaplin,* come *Luci d'inverno* avesse costituito l'annientamento completo del problema religioso nella sua vita e nella sua opera. In realtà il vero problema non è per il Maestro stabilire se la fede persa o mai trovata possa essere riconquistata, ma tracciare il percorso umano attraverso il quale essa viene persa, e/o possa essere ritrovata. L'obiettivo di Ingmar Bergman è di tracciare nel miglior modo cinematografico possibile i dubbi esistenziali delle persone, le crisi della loro coscienza, la tentazione insopprimibile di rifiutare la trascendenza, perché non compresa o incomprensibile. Ingmar Bergman non ambisce a raccontare la conquista della fede; ma solo a raccontare il difficile, impervio, incerto cammino che ogni uomo percorre cercando la fede. Insomma, il film è l'ennesima stimolazione bergmaniana alla speculazione filosofica sul significato dell'esistenza. Che, peraltro, continua a sfuggire. La critica ne fece e ne fa ancora una trilogia, insieme a (1960) e *Il silenzio* (1962). Sicuramente è il migliore dei tre. *"Ma nel libro* Diario con Ingmar Bergman *c'è un ragionamento che lascia trasparire un nesso tra* La fontana della vergine *("L'orrenda storia della ragazza stuprata e assassinata, dei violentatori e della vendetta") e* Come in uno specchio. *Vi si dice che ho progettato* Luci d'inverno *come passo finale di una trilogia che comprende i primi due film e quest'ultimo, il terzo.[19] "*

Sebbene anche gli altri due abbiano fornito molto materiale per dibattito tra

_____

19 Ingmar Bergman, *Immagini.*

cinefili nei mille cineforum degli anni
settanta. Il titolo originale in svedese
(Nattvardsgästerna) significa *I*
comunicandi.

CURIOSITA'

Voglio mettere i lettori a parte di due succose curiosità.

Il finale del film derivò da un fatto singolare realmente accaduto. All'epoca del film, nei primissimi anni '60, in compagnia del padre settantacinquenne e claudicante, col quale voleva recuperare un minimo di rapporto filiale dopo i profondi dissidi giovanili e anche per farlo distrarre dalla malattia della madre, Ingmar Bergman si trovò a visitare per tutta la Svezia, una grande quantità di chiese di campagna, isolate e deserte. Finché non si trovò in una di esse posta a nord di Uppsala.

"Quando preparavo Luci d'inverno, *andai in giro nell'Uppland, durante il passaggio dall'inverno alla primavera, a visitare chiese. Nella maggior parte dei casi prendevo la chiave dal*

sagrestano e me ne stavo alcune ore nell'interno; vedevo la luce spostarsi e pensavo a come avrei potuto concepire la fine del mio film. Tutto era scritto e progettato, eccetto la fine. Una domenica, di mattina presto, telefonai a mio padre per chiedergli se aveva voglia di accompagnarmi a fare un giro. Mia madre giaceva all'ospedale in seguito al suo primo infarto e mio padre si era isolato. La condizione delle sue mani e dei suoi piedi era peggiorata, così dovette prendere il bastone e mettere gli stivaletti ortopedici. Con autodisciplina e forza di volontà fece la sua funzione a Slottsforsamlingen. Aveva settantacinque anni. Era un giorno nebuloso, tra l'inverno e la primavera, con una intensa luce sulla neva. Giungemmo presto alla piccola chiesa a nord di Uppsala. Negli stretti banchi c'erano già quattro fedeli. L'intendente e il custode bisbigliavano nella sala delle armi. Nella tribuna dell'organo la direttrice di musica stava mettendo a posto qualcosa. Lo scampanellio andava già estinguendosi sulla pianura, e il prete non si era ancora fatto vedere. Ci fu un lungo silenzio, in cielo e in terra. Mio padre si mosse inquieto e borbottò qualcosa. Dopo alcuni minuti si udì per la sdrucciolevole discesa il motore di un'automobile in corsa, una porta sbatté e il prete apparve ansimando nel passaggio dell'altare, si volse a guardare la comunità con occhi scerpellini. Era sottile, i capelli lunghi, la barba ben curata che nascondeva a mala pena il mento sfuggente. Oscillava con le braccia come uno sciatore e tossiva, sulla sommità del capo i capelli erano ondulati ed era rosso in fronte. Sono malato, *disse il prete.* Ho quasi trentotto di febbre, è un raffreddore. *Cercava partecipazione nei nostri sguardi.* Ho telefonato al parroco e lui mi ha concesso di dire messa in forma abbreviata. *Spariva così il servizio all'altare e anche la comunione.* Cantiamo un salmo, poi faccio una predica alla bell'e meglio, poi cantiamo un altro salmo, e questo può bastare. Ora devo andare immediatamente ad indossare la veste talare. *Fece un inchino e rimase alcuni istanti indeciso, quasi fosse in attesa di un applauso o, almeno, di un segno di approvazione. Visto che nessuno reagiva, sparì dietro una pesante porta. Mio padre cominciò ad alzarsi dal banco, era agitato.* Devo parlare con con quel figuro, diceva. Devi lasciarmi passare. *Uscì dal banco e zoppicando, appoggiandosi pesantemente al bastone, andò in sacrestia. Là ci fu una breve ma accesa conversazione. Dopo alcuni minuti apparve l'intendente, sorridendo con evidente imbarazzo. Chiarì che ci sarebbero stati sia il servizio all'altare che la comunione. Un collega più anziano sarebbe stato l'officiante ausiliare. L'organista e pochi presenti cantarono il salmo introduttivo. Alla fine del secondo versetto mio padre entrò solennemente con paramenti bianchi e bastone. Terminato il canto, si rivolse a noi dicendo con voce calma e libera:* Santo, Santo, Santo è il Signore Sebaot, tutta la terra è piena della sua gloria. *Da parte mia ottenni il finale di* Luci d'inverno *e la codificazione di una regola che ho sempre seguito e dovrei seguire in ogni istante. Nonostante tutto, devi mantenere la tua messa.*[20]"

L'altra curiosità riguarda l'ennesimo

---

20 Ingmar Bergman, *Immagini*.

paradosso bergmaniano. In questo film, è costituito dal fatto che chi cerca Dio in *Luci d'inverno* è chi avrebbe dovuto trovarlo prima degli altri. A decretare il fallimento della fede, quindi della religione, è un sacerdote, Tomas. Esattamente come a decretare il fallimento della psicanalisi fu un grande psichiatra in *L'immagine allo specchio*[21] e lo scrittore David dichiarò, invece, il fallimento della poesia in *Come in uno specchio*[22].

21 *Ansikte mot ansikte*, 1975.
22 *Sasom i en spegel*, 1960

CONCLUSIONE

Secondo alcuni, Ingmar Bergman racconta in *Luci d'inverno* la sterilità dell'ateismo.

Se Dostojevskj affermava che *"...dove non c'è Dio tutto diventa lecito"*; Ingmar Bergman ripete che se non si riesce a trovare o a ri-trovare Dio l'uomo annega nel *"...vuoto esistenziale."*

Ma nemmeno si può essere certi, come sostenuto da altri, che la fine del film segni indiscutibilmente la *"...fine della disperazione dell'uomo."*

Qualcuno ha sostenuto, a mio avviso con notevole pertinenza, che alla base del messaggio del film ci sia l'impossibilità di credere. E, contemporaneamente, la certezza che la filosofia non può soccorrere l'uomo nella ricerca della fede. Come peraltro già sostenuto ampiamente da

Kierkegaard: *"La filosofia e il cristianesimo non si lasciano mai conciliare, in quanto la filosofia è pura attività umana e razionale, e quindi totalmente diversa dalla fede, che è un dono di Dio e come tale non ha nulla di umano. Inoltre fede e cristianesimo non sono entità intellettuali che riguardano la ragione ma fattori che sono concepibili per Kierkegaard solo in quanto esperienze vissute.[23]"*

Qualcuno ha anche trovato delle analogie tra il prete di *Luci d'inverno* e il protagonista del bunueliano *Nazarin*[24]: sostenendo che entrambi non servono a nulla: il primo a causa della sua fede perduta; l'altro, nonostante la sua fede incrollabile.

---

23 G. Fornero, *I testi, filosofi e filosofie nella storia.*

24 Film del 1958, tratto dal romanzo (1895) di Benito Pérez Galdós. Trama: intorno al 1900 nel Messico feudale del dittatore Porfirio Diaz, Nazarin è un giovane sacerdote che vive povero tra i poveri, praticando fino all'eroismo la lezione evangelica.

Io penso che *Nazarin*, il prete povero, impersoni l'altra faccia della medaglia della fede: credere o non credere? Avere o non avere fede?

Bergman in *Luci d'inverno* mostra solo di avere meno certezze di Bunuel che, in *Nazarin,* mostra di essere convinto, nel profondo, come la parabola di Cristo non possa da sola bastare a cambiare il destino del mondo.

La conclusione non è affatto confortante, perché, sull'argomento, entrambi non mi appaiono molto ottimisti.

Purtroppo.

NOTIZIE SUL FILM

Titolo originale	*Nattvardsgästerna*
Lingua originale	**Svedese**
Paese di produzione	Svezia
Anno	**1963**
Durata	81 min
Colore	B/N
Audio	sonoro (mono)
Rapporto	1,37 : 1
Genere	drammatico
Regia	**Ingmar Bergman**
Soggetto	**Ingmar Bergman**
Sceneggiatura	**Ingmar Bergman**
Produttore	Allan Ekelund
Casa di produzione	Svensk Filmindustri
Fotografia	**Sven Nykvist**
Montaggio	Ulla Ryghe
Scenografia	P.A. Lundgren
Costumi	Mago

PERSONAGGI E INTERPRETI

Ingrid Thulin: Märta Lundberg, insegnante
Gunnar Björnstrand: Tomas Ericsson, pastore protestante
Gunnel Lindblom: Karin Persson
Max von Sydow: Jonas Persson
Allan Edwall: Algot Frövik, sacrestano
Kolbjörn Knudsen: Knut Aronsson, guardiano
Olof Thunberg: Fredrik Blom, organista
Elsa Ebbesen: Magdalena Ledfors, vedova
Lars-Olof Andersson: ragazzo
Eddie Axberg: Johan Strand, scolaro
Tor Borong: Johan Åkerblom, agricoltore
Ingmari Hjort: figlia di Persson
Stefan Larsson: figlio di Persson
Christer Öhman: giovane
Johan Olafs: signore con il cavallo
Bertha Sånnell: Hanna Appelblad, fornaio con figlia

BIBLIOGRAFIA

Ingmar Bergman, *Immagini*.

Ingmar Bergman, *Lanterna magica*.

Arthur Schopenhauer, *Il mondo come volontà e rappresentazione*.

Aldo Garzia, *Ingmar, The Genius*.

Claudio Papini, *Ben ritrovato, Ernst Ingmar*.

Salvatore M. Ruggiero, *Il genio di Uppsala – Il grande cinema di Ingmar Ernst Bergman spiegato a chi lo ignora*.

Alberto Costa, *Ingmar Bergman*.

Sergio Trasatti, *Ingmar Bergman*.

Jacques Mandelbaum, *Ingmar Bergman, I maestri del Cinema*.

Giovanni Fornero, *I testi, filosofi e filosofie nella storia*.

INDICE